novum pro

AF162489

Nako Nakov

Licht für die Trauernden

novum pro

www.novumverlag.com

Bibliografische Information der Deutschen Nationalbibliothek:

Die Deutsche Nationalbibliothek verzeichnet diese Publikation in der Deutschen Nationalbibliografie. Detaillierte bibliografische Daten sind im Internet über http://www.d-nb.de abrufbar.

Alle Rechte der Verbreitung, auch durch Film, Funk und Fernsehen, fotomechanische Wiedergabe, Tonträger, elektronische Datenträger und auszugsweisen Nachdruck, sind vorbehalten.

© 2021 novum Verlag

ISBN 978-3-99107-039-9
Lektorat: Dr. Annette Debold
Umschlagfotos: Majivecka, Mike_kiev, Cammeraydave, Jon Bilous | Dreamstime.com
Umschlaggestaltung, Layout & Satz: novum Verlag

Gedruckt in der Europäischen Union auf umweltfreundlichem, chlor- und säurefrei gebleichtem Papier.

www.novumverlag.com

ANISO

Oh, meine Seele,
oh, du Wanderin
durch Raum und Zeit!
Hast du nicht genug
getrunken von dem Kelch
des Schmerzens und Leidens?
Weit und breit keiner,
der dich versteht.
Oh, weit ist der Weg zum Frieden!
Sag mir, wem soll ich dienen,
Gott oder dem Teufel?
Du suchst Buße? Suche!
Selig sind, die suchen,
denn die werden finden.
Und in den dunkelsten Nächten
suche ich Erlösung im Wein –
betrunken bin ich von deinem
Schmerz und Leid.
Seit ich auf deinem dornigen
Weg gehe, nur Tränen.
Und da ist die Göttin,
die schreit: „Aniso!"
Wird es immer so sein,
allein auf meinem Weg zum Licht?
Ich denke, jedes Gedicht
ist eine Offenbarung.
Und ich denke, auch allein,
der Krieger bleibt Krieger.

SOHN DER STEPPE

Frei wie der Wind
ist mein Herz.
Die breite Weite
ist mein Ufer und Heim.
Meine Seele ist eine Wanderin.
Geboren in stürmischen Tagen
und gestillt mit Durst nach Leben,
in mir leben Engel und Dämon.
Frei und wild, wie wilde Pferde
in der Öde, ist mein Herz.
Mein Geist ist ungestüm
wie das stürmische Meer.
Ungebunden ist mein Herz,
wie heiße Glut brennt es in mir.
Sohn der rauen Steppe bin ich.
In der grenzenlosen Weite finde mich!
Wo der Krieger aufbricht,
allein, auf seinem einsamen Weg.

ENGEL UND DÄMON

In mir kämpfen
Engel und Dämon.
Ich bin des Teufels Sohn.
Ich brenne in schrecklichem Feuer,
und in den Flammen verloren
ist meine Seele.
Ein Bettler bin ich.
Ich bettle zum Himmel,
doch der Dämon spricht in mir:
„Die ewige Sünde ist in dir,
in deinem kochenden Blut."
Das Fleisch hat sein Begehren
und findet immer seinen Weg.
Doch stark ist, der bindet
seine Sehnsucht und Sünde.
Wie viel schlaflose Nächte,
wie viel Tränen auf dem Weg,
der führt zur Hölle!
Und die Gefühle?
Immer die gleichen –
Leere und Angst vor der Dunkelheit,
die zerreißt meine Seele.
Und da ist das Licht,
die ewige Sehnsucht
nach Freiheit und Erlösung.

Die letzte Krönung,
bevor die ewige Nacht kommt
und der Himmel in seiner Pracht
öffnet seine glänzenden Pforten
für seinen verlorenen Sohn.
Es gibt keinen Schlaf
für die gebrochene Seele.
Doch mit der letzten Welle
von Licht und Begehren
werde ich meine Augen schließen,
und es wird wieder Hoffnung fließen
in mein sündiges Blut.

ENGEL

Ein Engel bist du, meine Liebe.
Mit Kranz aus weißen Rosen
und purpurroten Lippen –
du bist geweiht in Licht.
Gold sind deine weichen Locken.
Mit blauen Augen bist du
wie die grenzenlosen Himmel.
Für den sterblichen Menschen
ein märchenhaftes Bild bist du.
Oh, heiliger Engel, umarme mich
mit deinen reinen und weißen Flügeln!
Möge ich in Reinheit und Glaube
wiedergeboren werden.
Mit der weißen Taube,
niedergelassen auf deiner sanften Hand,
sende zu Gott mein Gebet und meinen Ruf!
Bevor der schwarze Tod
meine Augen schließt.

DIE LIEBE

Wenn ich nur könnte wie Ikarus
mit Wachsflügeln fliegen,
hätte ich gesehen das Sonnengesicht.
Aber dann wäre ich gefallen
in die Meerestiefen.
Tod. Über mich hätte man
Legenden erzählt.
Wenn ich nur könnte wie Leonidas
mit dreihundert treuen Kameraden
stolz gegen die persischen Tyrannen marschieren,
hätte ich den Tod gefunden, nicht Freude.
Verloren wäre für immer meine Jugend.
Ruhm. Sehnsucht nach dem Gipfel.
Alles ist Eitelkeit, ohne die Liebe.
Wenn ihr jetzt sagt, ihr wollt
meine Liebe nehmen,
würde ich sofort sterben.
Ich würde flehen, beten –
nehmt meine Liebe nicht!
Nicht die Liebe zu meinem Nächsten.
Ich hab gesehen, er raubt, ja,
er stiehlt die Liebe. Nein!
Die Liebe zur Frau, die soll niemand nehmen.
Auch wenn ich nicht Leonidas bin,
in heroischem Tod gestorben,
oder Ikarus, mit der Sonne geflogen,
ich weiß heute,
die Liebe zur Frau gibt Leben,
und in das Leben bringt sie Licht.

CARPE DIEM

Oh, heiliges Leben!
Oh, mögen mich immer
Frauenlippen küssen –
durstig und leidenschaftlich!
Wer braucht dann
die qualvollen Predigten
und alten Fabeln?
Lasst uns trinken!
Für das Leben!
Für die Liebe!
Möge heute Nacht
ein Festmahl sein und Lustbarkeit.
Oh, seliger Trieb,
gekommen mit dem Frühling!
Zarte Flammen brennen
in meinem Blut.
Lasst uns trinken!
Lasst uns trinken,
trotzt dem Tod
und der schwarzen Einsamkeit!
Und in den Zimmern
wartet sie auf mich –
das Fräulein mit entblößter Brust.
Küssen werde ich
ihre nackte Haut.
Küssen werde ich die ganze Nacht.

SÜNDE

„Wo bist du?",
fragt das einsame Herz,
gebrochen in den Schatten,
gestürzt in Einsamkeit.
„Wo bist du?",
wenn ich allein bin
auf meinem dornigen Weg.
Oh, wie weit ist dieser Weg!
Oh, wie begehrt das Herz
die Freiheit!
Aber wahre Freiheit
kommt aus reiner Seele.
Und ich bin in Sünde,
und sündig bin ich!
Tiefstes Leid und schwarze Sünde,
das ist mein dorniger Weg.
Aber meine größte Sünde –
dass ich nie hab
in deine Augen geschaut,
die befreien Leib und Geist.

ICH LIEBE DIE NACHT

Ich liebe die Nacht.
Und wenn die Dunkelheit kommt,
warte ich auf den seligen Traum,
der meine Augen schließt!
In den Mitternachtsstunden
wandert wie ein Phantom mein Geist –
überflutet mit Trauer ist mein Herz.
Ich hasse den Tag.
Grau und kalt ist er für mich.
Ich hasse die Menscheneitelkeit
und das falsche Gelächter.
Meine Jugend ist gefesselt
in Ketten von Trauer
ohne die Liebe.
Oh, wenn ich nur könnte die Zügel schließen
mit dem Nordwinde!
Hätte ich die weite Welt überschritten,
hätte ich das Gelobte Land gefunden.
Hätte ich ein Vogel sein können,
hätte ich meine Flügel geöffnet,
und ich hätte mich niedergelassen
auf einem Waldbach –
ich hätte getrunken von dem lebendigen Wasser.
Wenn ich ein Heiliger wär,
hätte ich Gott gebeten,
er soll dieses Kreuz von meinem Rücken nehmen.
Doch ich lebe sündige Tage,
und ich bin Sünde.
Ich liebe die Nacht.
In der Nacht suche ich Frieden,
seit ich nicht mehr sehe dein Gesicht.

OH, GIESST MIR EIN, MÖGE ICH TRINKEN!

Da, es kommt die Nacht!
Und sucht das erschöpfte Herz Ruhe.
Mein Geist schreit.
Allein bin ich geblieben in Einsamkeit,
und es brennt schwarze Kohle in meiner Brust.
Der Kamerad hat mich vergessen,
und heute ist er ein schrecklicher Feind.
Ich wandere wie ein Schatten
in die schwarze Hölle.
Oh, gießt mir ein, möge ich trinken!
Und in dem bittersüßen Wein möge ich vergessen
das schwarze und giftige Unheil, das vergiftet hat,
wie giftige Schlangen, meine Jugendjahre!
Mit dem Bettler hab ich mein Brot geteilt,
doch brenne ich heute in Einsamkeit.
Ich hab meine Hand ausgestreckt,
doch niemand hat seine gegeben.
Ich liebte! Und wer will nicht
lieben und geliebt werden?
Doch wer ist bereit für die Liebe
den größten Preis zu zahlen?
Oh, gießt mir ein, möge ich trinken!
Und in dem bittersüßen Wein
möge ich suchen das Ende
dieser schwarzen Tage.
Schaut nicht so, meine Herren,
wir stehen nicht auf demselben Bein.
Hätten wir, hättet ihr auch
im Tod den Frieden gesucht,
den meine verfluchte Seele sucht!

BLINDER MANN

Ich bin ein blinder Mann.
Ich durchquere die Welt
auf der Suche nach Liebe,
die bleibt und hält.
Und ich schaue in den Spiegel,
und ich sehe einen jungen, blinden Mann
im Feuer, das verbrennt die Seele.
Stehend auf der Schwelle der Welt,
mit dem Nordwind in meinen Haaren,
mit dem Sonnenaufgang werde ich aufbrechen
auf der Suche nach meinem Heim.
Dem Platz, wo ich Ruhe finden kann
für mein gebrochenes Herz!
Und dann die Hoffnung,
die schimmert wie ein kleiner Stern
über den Schatten der Welt.
In seinem Kern ist der Mensch
immer der gleiche.
Geld, Macht, schöne Frauen,
die glänzen in ihrer Pracht.
Ich kann es nicht mehr ertragen,
führe mich weg von hier.
Wann wird der Frieden kommen?
Wann?!
Wann werde ich wieder Freude atmen?
Wann?!
Ich bin ein blinder Mann.
Oh Herr, ich bin ein blinder Mann!

WEISSE MAGNOLIEN

I

Ich weiß nicht, wie soll ich
es dir sagen, meine Kleine,
aber du musst alleine bleiben.
Ich werde einen weiten Weg gehen,
wir werden uns nicht mehr sehen.
Es regnet kalter Regen in mein Herz.
Das ist mein Weg, mein einsamer Weg.
So wird es sein, bis der Schatten
meine Augen schließt.
Ich werde vermissen deinen Duft,
den Duft von weißen Magnolien.

II

Gestern sah ich dich
weinen unten am Fluss.
Du hast Blumen gepflückt,
und die Strahlen der Sonne
glänzten in deinen Haaren.
Wie schön du bist, wenn du das machst.
Wie eine weiße Perle aus den Tiefen des Ozeans,
so geheimnisvoll, so rein und sauber.
Jede deiner Tränen ist eine gebrochene Hoffnung
für das Leben, das vergeht,
für einen Traum, der nicht erreichbar ist.
Und wenn du nach Hause kommst,
duftest du nach Blumen.
Dein Duft, der Duft von Blumen
erhellt von der Frühlingssonne!

III

Und jetzt ist Nacht.
Keine Sterne, kein Mondlicht –
die Stunde der Schatten.
Wir stehen Angesicht zu Angesicht.
Zwei einsame Herzen,
zwei gebrochene Seelen.
Die Kerze brennt, und die Flamme
strahlt in deinen dunklen Augen.
Das Feuer brennt am stärksten,
kurz bevor es erlischt.
Komm zu mir, nimm meine Hand!
In der Stunde der Schatten
weihe mich zum letzten Mal
mit dem Duft von weißen Magnolien!

LAST BLUES

Warum blutet mein Herz so?
Wo hab ich verloren mein Glück?
Was ist Schicksal, was nicht?
Oh Gott, mein Herz bricht
in dieser dunkelsten Nacht!
Der Mond weint, und ich …
Ich singe den letzten Blues.
Oh Gott, mein Herz bricht!
In meinem Bett der Mond erhellt
ihr Gesicht zum letzten Mal.
Ich weiß, es ist vorbei.
In dieser dunkelsten Nacht
lass mich singen den letzten Blues.
Oh, mein Herz bricht!
Ich singe den letzte Blues.
Den letzten Blues.

FREUDENMÄDCHEN

Wenn die Nacht kommt
und der Wind flüstert leise,
erinnere ich mich an das Mädchen,
das mir gab Glück und Liebe.
Wie ich, wie meine Finger
durch ihre Haare glitten.
Wie ich, wie ich ihr Gesicht küsste.
Und ihre Augen, ihre Augen hell und rein,
und doch tief wie die tiefsten Wässer.
Tief, weil sie voll mit Hoffnung und
Glaube waren.
Ich küsste sie zwischen den Reimen,
und jedes Gedicht war ein Flug
zu den himmlischen Feldern,
wo es nur Glück und Freude gibt.
Und jetzt bin ich allein.
Ich sitze in der Bar,
mit der Whiskyflasche in der Hand.
Ich denke an dich.
Mein Freudenmädchen.
Freude, du gabst mir Freude.

WANDERER

Zwei Wanderer sind wir.
Wir wandern durch Raum und Zeit,
immer weiter und weiter
zu dem Licht, das scheint fernhin.
Zwei einsame Seelen sind wir.
Oh, wie sehr will ich dich!
Wie sehr will ich dich hier bei mir!
Einsam ist die mondlose Nacht,
wenn ich weiß, du gehst deinen Weg allein.
So bin auch ich.
Ich suche dich über Berge und Ozeane,
in dem Land der dornigen Wege.
Zeichen gib mir!
Oh, wie sehr will ich dich!
Wie sehr will ich dich hier bei mir!
Und am Ende weiß ich,
mein Herz wird Halleluja singen
zu den Engeln und dem Herrn im Himmel.
Ich war verloren, und ich wurde gefunden.
Einst der verlorene Sohn
und dann ein Heiliger,
dank dir, Wanderin.
Du wirst bleiben bei mir.
Du wirst bleiben.

WARTE AUF SIE

Wenn der Abend kommt
mit Vogellied und Duft von Nachtblumen
und der Sonnenuntergang färbt
den Himmel in Violett, warte auf sie!
Wenn sie voller Hoffnung sagt:
„Ich liebe dich" – warte!
Es ist die zarte Berührung des Schicksals.

Wenn in der blauen Nacht
die weißen Strahlen des Vollmondes
erhellen ihr Gesicht im Bett
und die Sterne tanzen in ihren Augen – warte!
Wenn sie voller Liebe sagt:
„Vertrau mir" – warte!
Dir will sie ihr Herz schenken.

Und wenn es Tag ist –
warte auf sie!
Und wenn es Nacht ist –
warte!
Es ist die zarte Berührung des Schicksals.
Frei wird dein Herz sein.
Dein wird sie sein.

WARME, WARME WELLEN

In dieser Stunde der Nacht,
wer liebt, muss auch vertrauen.
Wenn sie gibt ihr Herz, ihre Seele,
gib alles von dir, zeige keine Angst!
Zeige keine Scham! Sie ist hier bei dir.
Wenn sie vor dir ausgezogen steht,
voller Erwartung, voller Hoffnung,
lass alles hinter dir – vertrau ihr!
Gib ihr Glaube, bevor es zu spät ist!
Du bist frei, sie ist dein.
Sie ist hier bei dir.
Es ist des Schicksals Hand,
wenn die Mauer in deinem Herz bricht
und du berührst ihr warmes Gesicht.

Wärme in ihr,
Wärme in dir.
Warme, warme Wellen.
Zwei vereinte Seelen.

Es ist wie Engelsberührung.
Es ist wie Duft
von weißen Rosen
in Edens Garten.

So lebe, gebe, nehme!
Sie ist hier bei dir.
In Gottes Macht,
in dieser Stunde der Nacht
die Herzen werden frei sein.

Wärme in ihr,
wärme in dir.
Warme, warme Wellen.
Zwei vereinte Seelen.

BRINGER VON GLÜCKSELIGKEIT

Wenn ich dich sehe,
klopft mein Herz wie wild.
Doch die Gefühle
sind nicht wild –
mild sind sie.
Wie die Sommerbrise am Meer.
Wie der Mutter Kuss
auf die Stirn des weinenden Kindes.
Und wenn du mich fragst:
„Liebst du mich?" …
Ich mag nicht, wenn du mich so fragst.
Weil, meine Liebe,
es gibt nicht solch ein Wort,
mit dem ich beschreiben kann,
wie ich für dich empfinde.
Wie der Blinde sich sehnt nach Licht
oder der Sünder nach Vergeben,
so liebe ich dich.
So brauche ich deine Hand,
die mich vom Schatten ins Licht führt.
Es ist wie die Geburt
von Himmel und Erde.
Werde eins mit mir!
Wir sind verbunden.
Meine Seele fleht dich an –
deine gibt Hoffnung und Glück.
Deine Seele hofft auf Liebe –
sie gibt dir meine Liebe und meinen Glauben.
Wie eine weiße Taube
im blauen Himmel –
so sind wir.
Bringer von Glückseligkeit.

KIND DES SCHICKSALS

Einsames Kind des Schicksals,
schau immer weit zu den
goldenen Horizonten deiner Zeit!
Voller Sehnsucht und Leidenschaft –
dein Weg ist breit und weit.
Von jedem Stein auf deinem Weg
hast du eine Leiter gebaut –
über die Welt zu den hellen Himmeln,
wo die Sterne leuchten mit neuem Licht
und Schmerz und Angst gibt es nicht.
Schau, die Dämmerung bricht auf!
Mit leisen Schritten wirst du zu mir kommen,
sanft wirst du flüstern –
in Güte und Heiligkeit umwoben!
Licht, Licht wird sein in unseren Herzen.
Und die Kerzen werden sanft
brennen in der Nacht, wenn du zu mir
kommst in deiner göttlichen Pracht.

DER EINSAME REITER

Sattle das Pferd, mein Kamerad!
Mein Pferd, ungezügelt und wild
wie die Meereswellen.
Mein Herz schmerzt heute,
meine Seele blutet, seit sie weg ist –
die einzige Frau für mich.
Sie war wie eine Nachtigall,
gestillt mit Gutmütigkeit.
Sie singt einst für mich,
jeden Tag mit dem Sonnenaufgang,
Lieder, bezaubernd und märchenhaft.
Lieder über den duftigen Frühling.
Lieder über den Geist, der sich
nach Reinheit und Freiheit sehnt.
Hebe den Kopf auf, mein Kamerad!
Warum trauerst du?
Hast du je so eine reine Liebe gespürt –
zart wie Mutterumarmung?
Ah, mein treuer Kamerad,
hart ist der Pfad der Liebe,
aber doch führt er von Dunkelheit ins Licht!
Geh, sattle mein treues Pferd!
Ich werde mit dem Wind reiten
zu dem grünen und fruchtbaren Tale.
Weit über die hohen und fruchtbaren
Gebirgskämme.
Du, traure nicht, sei treu,
und such deine Liebe!
Lebe wohl! Ich gehe!
Ich werde diese wilde Schönheit suchen,
die durchdrungen hat wie ein Pfeil mein Herz.

SOMMERTRAUM

Es kommt die Nacht
mit Sommerduft und
Lied von tausend Engeln –
ich spüre deine Macht.
So bezaubernd, so sanft
wie der Sonnenaufgang.
Und in dieser Sommernacht
werde ich träumen.
Aber nicht von Schmerz
und Finsternis, sondern deinem Gesicht.
Dein helles Gesicht
mit den grünen Augen –
grün wie die weiten
Felder unserer Heimat.
Und in meinem Traum
werde ich mich erinnern,
wie wir in diesen grünen Feldern
Hand in Hand gegangen sind.
Und es wird wieder
die Sonne scheinen
über den hohen Bergen unserer Heimat.
Es kommt die Nacht
mit deinem Duft und
Feldern bereit für die Ernte.
Oh, du meine schöne Wende
zu Licht und Erlösung!

LIED ÜBER DIE EWIG GRÜNEN FELDER

I

Über die hohen Berge
mit Schnee bedeckt.
Wo die ewig grünen Felder sind
und die Vögel singen ihr Sonnenlied.
Wo die Sonne scheint mit Goldlicht
und nicht mehr weint das Kind in mir –
dort will ich wieder sein.
Dort wo ich einst geliebt habe
und ich war geliebt.
Wo der helle Sonnenaufgang
ist Vorbote des neuen Lebens
und jeder Tropfen des Frühlingsregens
ist ein Tropfen Hoffnung und Licht
für mein Gedicht –
dort will ich wieder sein.

II

Oh Trauer, zu oft bist du
in mein Leben gekommen!
Oh, schrecklicher Schmerz,
in Jugendjahren den Tod zu erkennen,
in lodernden Flammen zu brennen!
Schwarze Diebe haben meine Seele geraubt.
Doch hier bin ich.
Ich lebe und atme.
Ich schreibe Gedichte,
und ich singe das Lied.
Über den hohen Bergen
mit Schnee bedeckt,
wo die ewig grünen Felder sind.

III

Der kalte Wind verbreitet mein Lied.
Die Berge schallen mit Echo
aus vergessenen Zeiten.
Die Sonne wird bescheinen
die weiten Felder meiner Heimat.
Und in den Wäldern werde ich
wieder Gelächter hören.
Du wirst dort sein, mein Mädchen.
Zart wie Maiglöckchen
von Regentropfen geküsst.

HYMNE AN DIE NATUR

I

Oh, göttliche Natur,
wie bezaubernd du bist!
Wie eine Braut, die
zum Altar geht, so reizend
bist du in deiner Schönheit.
Und wenn der Frühling kommt
mit seiner Pracht, färbst du
die ganze Welt in Farbe.

II

Bäume und Blumen,
und es duftet nach
Frische und Erde.
Oh, himmlische Natur!
Wenn die Vögel singen,
mit ihrem Singlied,
erkennt der Mensch, dass
wiedergeboren ist die Welt.
Von Licht ins Licht –
deine Schöpfung die Welt erhellt.

III

Wie eine Braut, die
zum Altar geht, so reizend
bist du in deiner Schönheit.
Möge die Sonne scheinen
weit und breit! Und
wenn die goldenen Strahlen
berühren sanft mein Gesicht,
will ich ewig betrachten dein Werk.

MAGDALENA

I

Liebe und Leidenschaft,
Hass und Wut,
was sind die menschlichen
Gefühle im Vergleich
zu dir, Heilige!
Ah, wie träumte ich
in meiner Jugend über
Macht, im Bann der
leidenschaftlichen Wollust!
Und heute, nach Jahren
der Trauer und des Kampfes,
blute ich wie ein
verwundeter Wolf
aus meinen Wunden,
die mir mein Leben
zugefügt hat.

II

Mit gebeugtem Kopf,
erbärmlich und blutend,
schreite ich, oh Heilige,
zu deinem Tempel! Von
dem ewigen Brunnen
gib mir zu trinken! Von
deinen heiligen Händen
gib mir von dem
heiligen Wasser –
möge ich meine
Sünden wegwischen!

Wie ein Engel, gekommen
von den himmlischen Weiten,
umarme mich mit
weißen Flügeln –
gib Licht für meine Seele!

III

Oh, himmlische Weiten!
Oh, Chor von himmlischen
Stimmen! Singt für
die heilige Magdalena!
Oh Lichtkinder, von
Migdal bis Jerusalem,
geht immer vorwärts
mit dem Kreuzzeichen!
Oh Lichtkinder,
lobt Magdalena!

HALLELUJAH

I

Wenn der kalte Winter
kommt, selig werden wir
die Hände schließen zum Gebet.
Frieden wird sein in
unserem Herzen, und
die Engel werden zum Herrn
unser Gebet senden.
Oh, himmlische Wesen,
hört unser Gebet!
Oh, hört unser Gebet!

II

Vor langer Zeit der
Apostel sprach:
„Die Liebe Gottes ist
erschienen uns,
da Gott seinen eingeborenen
Sohn gesandt hat.
So werden wir keine
Angst haben in der
kalten Winternacht.
So werden wir Hallelujah singen."

III

„Und unsere Herzen
werden frei sein.
Oh, Herr im Himmel,
dein Sohn ist mit uns –
für immer und ewig!
Hallelujah! Hallelujah!
Oh Herr, unser Gebet
senden wir zu dir!
Hallelujah! Hallelujah!
Finsternis mag kommen,
doch frei von Furcht
und Angst sind wir!"

HYMNE AUF VENUS

Oh, du göttliche
Erscheinung! Oh, du
Vision vom Dichter
aus alten Zeiten!
Göttin der Sinnlichkeit
und Liebe, umwoben
vom Duft der Myrte!
In dein strahlendes Licht
hast du ausgestreckt
deine Hände –
so sende Licht in mein Herz!
Auf beiden Armen hast
du eine weiße Taube –
so erlaube mir,
und ich werde zu dir kommen!
Wie ein heiliges Omen
hast du mir offenbart
den Weg zu den Göttern.
Alles hat seinen Zweck.
Und was kommt
auf diese Welt,
kommt, um zu gehen.
Was bleibt, ist die Liebe.
Und was bleibt, ist
die milde Erinnerung
von zwei, die werden eins.
Und wie die eine Muschel
unter vielen hat
die Perle in sich,
so bist du eine
unter den Göttern.
Oh, du Mutter von allen,
die wahrhaftig lieben!

GEIST DER FREIHEIT

Mit den ersten Strahlen
des Sonnenaufgangs,
mit dem ersten Lied des Singvogels
werde ich auferstehen
zu ewigem Leben.
Vom Schatten ins Licht.
Dicht werde ich folgen
deinem Weg, du mein Stern
über mir. Oh, ewiger Geist
von denen, die sehnen
sich nach Freiheit!
Wieso ist dein Weg
voll mit Schmerz und Leid
und doch süß wie Honig?
Gepriesen sei das Herz,
das blind war und doch
erhellt von deiner Macht
erblickt hat! Und von
Jahrhundert zu Jahrhundert,
du ewiger Geist der Freiheit,
strahlst du über die Welt.
Führst den Menschen von
Sterblichkeit zu Göttlichkeit.

LE CHANT DU LOUP

I

Die Herrin der Nacht
mit weißem Kleid und
Lächeln aus Licht wacht
über den stillen Wald.
Und ihre Kinder – Sternchen
spielen über dem Himmelspfad –
schimmern und glänzen in Silber.
Stille! Ruhe! Welch
eine märchenhafte Schönheit!
Und es nieselt der Schnee
und nieselt über den stillen Wald –
kleidet Erle und Kiefernbäume
in weißes Fell.
Und die Erlen und Kiefern
wachen über den
mit Schnee überhäuften Wald.

II

Unlängst ist jemand
durch den Schneeweg gegangen.
Aber nicht ein Mensch.
Ein Waldbiest, Schrecken
für die Augen des Menschen.
Auf einmal Geheul zerreißt
die märchenhafte Stille.
Einsames und bitteres Geheul.
Er ist da, immer auf
dem gleichen steilen und
dunklen Fels. Ein Moment Stille.

Und dann wieder das gleiche
einsame und bittere Geheul.
Brust und Maul
mächtig und pelzig,
gerichtet zum Mond
und Nachthimmel – allein –,
jede Nacht ist er da.
Er ist es! Der Wolf!

III

Und der Wolf singt!
Bitter ist heute dein Geheul.
Vergessen hast du dein Heim.
Du bist da auf dem steilen Fels.
Und ich weiß, du willst
springen in den Abgrund
wegen deiner wilden Bitterkeit
und deines schrecklichen Zorns.
Du wirst wieder die ganze
Nacht wandern, bis
keine Macht mehr
in deinem Leib ist.
Sing jetzt dein einsames Lied!
Weg ist deine Wölfin.
Genommen hat sie
heute der Jäger.
Und irgendwo in der Nacht
träumt sie ihren letzten Traum.

BITTE

Einst, vor hundert Sommern,
ich war berührt von deiner
wilden Schönheit. Und es war
nicht Leidenschaft, auch nicht Feuer –
es war der Ruf eines Herzens,
von der Asche auferstanden.
Wir waren nahe wie Bruder
und Schwester. Eine Wanderin
und ein einsamer Mann –
beide die Liebe suchend.
Und es war nicht deine schlanke Gestalt,
auch nicht deine schönen Augen,
es war die Gutmütigkeit
deines Herzens, die meins bezwungen hat.
Zu schlagen mit Leben,
nicht mit Angst, hast du gelernt.
Einst, vor hundert Sommern,
dort will ich wieder sein.
Ich will wieder deine warme
und sanfte Hand nehmen.
Deine schönen Augen küssen.
Ich will dich auf einen Weg führen
von geheimnisvollen Göttern gezeichnet.
Eine Berührung, ein Augenblick,
vergangen in der Zeit.
Die Erinnerung, so lieb,
wird den Einsamen wärmen,
als ob er von dem Brunnen des Lebens
einst getrunken hat.
Oh Herr, wie sehr will ich
wieder dort sein, einst
vor hundert Sommern!

WARTE AUF MICH UNTEN AM FLUSS

Warte auf mich
unten am Fluss,
wo meist haben
wir uns geküsst!
Warte auf mich
unten am Fluss,
wo wir die Liebe
zum ersten Mal
haben entdeckt,
vor der ganzen
Welt versteckt!
Versteckt vor
Eitelkeit und Neid,
vor Furcht und Hass.
Was war das, was
du damals gesagt hast?
Es ist wunderschön.
Wunderschön. –
Geflüstert hast du leise.
Und vor langer Zeit
hat gesagt der Weise:
„Fällt einer, so hilft
ihm sein Kamerad auf."
So hast du mich
aufgehoben von
der Asche ins Leben.
Licht! Es ist Licht!
Warte auf mich
unten am Fluss!
Wo du mir gegeben
hast deinen letzten Kuss.

AM FLUSS

Was soll ich sagen?
Ich warte, hier am Fluss,
auf meine Liebe.
Heute muss sie kommen.
Schöner als der Frühling.
Sanfter als die Sommerbrise.
Sanft wird sie mich küssen
und mein Gesicht berühren.
Sanft und leise wird sie reden.
Oh, diese Schönheit!
Kann auch eine Liebesgöttin blenden?
Wie beneide ich
die Sonnenstrahlen,
die jeden Tag ihr
weißes Gesicht streicheln.
Wie beneide ich
das silberne Mondlicht,
das nachts über ihren Schlaf wacht.
So ist sie, die Macht der Liebe.
Zwei werden eins.
Aus eins werden drei.
Wer kann zerreißen
das dreifache Seil?
So warte ich hier am Fluss.
Heute muss meine Liebe kommen.
Schöner als der Frühling.
Und von Licht umwoben.

DIANA

Lange Zeit ist vergangen,
seit ich hier auf diesen Straßen war.
Da gab es ein Mädchen –
meine Diana. Jung,
schön und wild –
vollkommen wie ein Bild.
Zart wie ein Vogellied.
Oh Diana! Oh Diana!
Wo bist du jetzt?
Erinnerst du dich
an die mondlose Nacht?
Wo im Dunkel geküsst
du mich hast, und
du sagtest sanft:
„Ich liebe dich!"
Oh Diana! Oh Diana!
Erinnerst du dich
an die mondlose Nacht?
Hier auf diesen Straßen?
Wo gedacht ich hab:
„Die Welt ist mein."
Du sagtest zärtlich:
„Ich will dein Mädchen sein."
Lange Zeit ist vergangen,
seit ich hier auf diesen Straßen war.
Es gab ein Mädchen –
meine Diana.
Oh Diana! Oh Diana!
Erinnere dich an mich!
Wie zart hast du gesagt:
„Ich liebe dich!"

SUMMERTIME BLUES

Weißer Mond scheint auf.
Die weißen Sterne leuchten.
Geküsst hab ich mein Mädchen.
Oh, Baby Blue! Nur du
kannst mir Liebe und Hoffnung
geben. Oh, Baby Blue!
Nur du. Wozu die Eile?
Die Nacht ist so schön mit dir.
Und nur für uns beide.
Nur für uns beide. Wie schön
und weich sind deine Haare!
Wie zart berührt sie in
der Nacht die Sommerbrise!
Und wenn ich in deine Augen
schaue, von Mondlicht erhellt,
sehe ich eine ganz neue Welt –
voll Freude, Liebe und Milde.
Oh, Baby Blue, küss mich
jetzt, du! Oh, Baby Blue!
Unter dem Mondlicht lass uns
tanzen! Lass uns tanzen!
Den Summertime Blues!
Den Summertime Blues!

MIDNIGHT BLUES

Sag mir! …
Dein Parfüm spüre
ich hier, in diesem Zimmer.
Sag mir! …
Ich atme deinen Duft
und küsse dich am Hals.
Sag mir, wie sehr
du mich willst, meine Kleine!
Sag mir nur das,
und du hast mich im Griff –
du bist unter meiner Haut.
Deine weiße Haut
ist so glatt und fein –
am Hals noch einen Kuss!
Baby, lass klingen
den Midnight Blues!
Baby, den Midnight Blues!
Ich halte dich in
meinen Armen. Dein
Kopf ist auf meiner Brust.
Baby, lass klingen
den Midnight Blues!
Für immer will ich dich so.
Wo immer du willst
und wann immer du willst –
ich werde immer für
dich da sein.
Dein Mann, dein Mann.
Lass klingen den
Midnight Blues!
Dein Lächeln ist wie
ein zarter Kuss.
Baby, lass klingen
den Midnight Blues!

JAZZNIGHT

Deine Augen –
voller Lust.
Deine vollen Lippen –
geöffnet für einen Kuss.
Deine zarte Hand –
die meine berührt.
Es muss Liebe sein!
Dein Atem in meinem.
Deine Haare.
Dein halbnacktes Bein.
Es muss Liebe sein!
Der Wein am Tisch.
Die blaue Nacht –
so frisch!
Deine Haut –
so fein!
Es muss Liebe sein!
Lieb mich diese Nacht!
Immer! Immer
wieder und wieder!

WIENER ROCK

Leise lausche ich
dem Regen draußen.
Mir bleibt nichts anderes,
dir will ich meine Liebe geben.
Oh, ich erinnere mich an dein
Herz und deinen Körper, deine Seele.
Hey, Baby, Baby!
Siehst du nicht, dass
auch nach so langer Zeit
die Liebe ist dieselbe?
Weit über den Bergen,
im Himmelsreich, die Engel
singen für dich und mich.
Hey, singen für dich und mich!
Allein in meinem Zimmer
rauche ich eine. Meine
Seele singt das Lied,
voll mit Vorfreude,
dass ich dich bald küssen werde.
Hey, Baby, Baby!
Ich werde bald zu dir kommen.
Schenke mir Licht und Leben!
Hey, Vienna, Vienna!
Bald werde ich dich küssen, Sofia!

DONAUBLUES

Genau so, meine Kleine!
Mach es langsam, bis
meine Beine anfangen
zu zittern. Du weißt, was
ich meine? Heiß ist jetzt
meine Kleine. Hey, yeah!
Sie ist mein Baby.
Oh, mein Baby ist so heiß!
Ich weiß, sie wird zahlen
den ganzen Preis.
Sie ist nur achtzehn, und
sie will von dem heiligen
Wasser trinken. Genau so!
Sie weiß, wo der Brunnen liegt.
Ihr wisst, was ich meine?
Es geht nicht mehr um
die Beine –
durstig ist meine Kleine.
Hey, yeah! Sie ist mein Baby.
Hey, sie ist nur achtzehn!
Sie will es, jetzt genau!
Yeah, ihr wisst, was ich meine!
Sie ist mein! Heiß ist meine Kleine!

DUFT VON JUGEND

Schein auf in deiner
Anmut über mir,
oh, du Kind des Lichts!
In die Nacht so dicht
strahlt deine Schönheit
wie tausend Sterne.
Ich erinnere mich
an die Kirschblüten
in deinen goldenen Haaren,
als wir spazierten im Park.
Und des Frühlings Duft –
Duft von Jugend und Glück.
Nimm meine Hand!
Führe mich zu dem
goldenen Tempel!
Auf dem glänzenden Altar
singe mit mir Halleluja!
Geheilt sind mein Herz
und meine Seele.
Schein auf in deiner
Anmut über mir,
oh, du Kind des Lichts!
In die Nacht so dicht
strahlt deine Schönheit
wie tausend Sterne.

ICH FÜHLE WIEDER DIE MILDE DES FRÜHLINGS

Von deiner Güte
geweiht, sehe ich
wieder fernhin –
zu hellen und blauen
Horizonten. Getauft
von deiner Liebe
fühle ich wieder
die Milde des Frühlings.
Und die Sonne, mit
ihrem göttlichen Licht,
streichelt wieder
sanft mein Gesicht –
goldene Strahlen,
die erhellen meine Seele.
Ich werde Frieden
wiederfinden, dank dir.
Oh Schönheit!
Schau, die Nacht kommt!
Gesegnet sind wir
von Göttern und Engeln.
Und in der blauen
Mondnacht wirst du dich
mir offenbaren in
deiner weißen Pracht.

DER POET UND SEINE GELIEBTE

Oh, himmlisches Geschenk
in Weiß! Oh Göttin in Gold!
Was wollt Ihr von mir –
ein armer Poet und seine
Geliebte sind wir! Wisst
Ihr nicht, dass die Sonne
scheint in meiner Seele,
jedes Mal wenn ich Euer
Lächeln sehe? Ich gehe einen
einsamen Weg, doch Ihr
seid es, die macht ihn leicht.
Oh, wer will nicht ein Kind
des Lebens sein und in
Licht und Freude vom
ewigen Leben kosten?
So auch Euer Poet, Geliebte!
Wie ein Kind, das zum ersten
Mal den Atem nimmt, so
dürste ich nach Euch.
Und in der Nacht schreite ich
leise zu Eurem Zimmer –
heilig wie ein Kind.
So nehmt meine Hand,
und Erlösung gebt mir –
ein armer Poet und seine
Geliebte sind wir!
In der Dunkelheit glänzt
Eure Haut so verlockend!

Und die Augen –
leuchten so bezaubernd!
Ihr flüstert leise meinen Namen.
Habt Erbarmen –
möge die Erlösung bald kommen!
Nicht glühend, mit Dornen –
sanft und warm, mit Licht!
Der Schatten kriecht verängstigt.
Es bleibt nur Ihr, die
glänzt in Eurer Schönheit.
Ein armer Poet und
seine Geliebte sind wir!

DER POET UND SEINE SEELE

Was ist der Glaube?
Ist es nicht das Wissen,
dass nach der Finsternis
kommt das Licht? Oder
auf den Knien ist der Mensch,
aber so weiß er,
mehr, mehr sind wir, die Sonnenkinder?
Was ist die Hoffnung?
Ist es nicht das Wissen,
dass nach der schlechten Zeit
die Sonne wird wieder
scheinen weithin und hell?
Oder aufhören werden
die Tränen, und es kommt Freude?
Und nach dem Sturm
werden wir wieder
zusammen sein –
ich und du, meine Seele!
So sprich mit mir!
Was ist die Liebe?
Ist es nicht beides –
Glaube und Hoffnung?
So fragte der Poet seine Seele,
und die Seele sprach:
„In der Stille liegt die Macht!"

14.

VIII.

Wie sehr liebe ich dich –
wie die Wüste den Regen!
Und wenn du sanft
mein Gesicht streichelst,
ich schwöre, es ist Engelssegen!

Und wenn wir liegen auf der Couch,
ohne Kraft, sagst du voll Liebe
und Hoffnung: „Vertrau mir!"
Ich hab immer gedacht, die Liebe
ist für die Gewinner.
Jetzt sage ich dir: „Ich ergebe mich!
Ich bin dein!"

Es ist ein Wunder!
Süß wie Honigmilch!
Sanft wie Babylächeln!
Es ist ein Wunder!

Wie sehr brauche ich dich –
wie der Wanderer braucht den Glauben!
Vom Himmel bist du in mein Leben gekommen –
hast du zu mir gesagt.
Nachdem im Bett zwei Körper
tanzten zart im Takt.

Es ist ein Wunder!
Süß wie Honigmilch!
Sanft wie Babylächeln!
Gott, vergib uns die Sünde!
Es ist ein Wunder!

WÜSTENKIND

Du bist so schön!
Wie eine Wildrose
in der Wüste –
ich werde der Regen sein,
wenn du durstig bist.

Deine Augen sind so warm!
Wie die helle Sonne
in der Wüste –
ich werde der Schatten sein,
wenn die Wildrose Erholung braucht.

Du bist tapfer!
Wie die tapfersten Krieger
in der Wüste –
ich werde dein Heil sein,
wenn du verwundet bist.

Und in der Wüste,
wenn die Nacht fällt
und Sterne erleuchten den Himmel,
werde ich mit dir sein.
Mein Wüstenkind!

WILDROSE

Für mich bist du
so schön! Wie eine
Wildrose gestreichelt
von den Sommerstrahlen,
die jetzt aufblüht.
Und wie die Wildrose
dein Herz ist wild,
doch dein Gesicht mild.
Umso mehr bist du
schön für mich.
Und deine Augen –
zwei tiefe Brunnen!
Und wenn du weinst,
denke ich, deine
Tränen sind heilig.
Und wenn du lachst,
denke ich, dein Lächeln
ist wie die Sommersonne –
hell und warm, voller Licht.
Nimm dieses Gedicht!
Lies es manchmal,
wenn du traurig bist.
Für mich bist du
so schön! Ich erinnere
mich an dich, die
Frau frei wie der Wind.
„Ich liebe dich",
möchte ich dir sagen.

MEIN HERZ BRICHT

Es kommt die Nacht.
Und der Mond erhellt
die Zimmer in Silber.
Und die Sterne glänzen
in neuem Weiß – schönem Licht.
Mein Herz bricht in Gefühle
so stark wie Sturm.
Ich fühle Liebe.
Ich gebe dir meinen Geist
und meine Seele.
Ruf mich an, meine Liebe!
Ich erinnere mich an dein Gesicht,
schön wie der Mond in dieser Nacht.
Lass mich nicht allein!
Wer hätte gedacht, dass ich
wieder lieben kann –
ich bin dein Mann!
Ruf mich an, meine Liebe!
Mein Herz bricht in Gefühle
so stark wie Sturm –
darum liebe ich dich.
Meine Seele war wie Wüste –
du bist der Regen.
Mein Leben war ohne Glauben –
du bist mein Engel vom Himmel.
Ruf mich an, meine Liebe!
Ruf mich an!

NIE ZUVOR

Nie zuvor!
Nie zuvor hab ich
mein Herz so geöffnet!
Wie schön –
der Wind duftet heute
nach Freiheit, Liebe
und Hoffnung.
Meine Seele heute
ist wie ein geöffnetes Buch.
Durch deinen Atem
atme ich.
Durch deine Augen
schaue ich.
Und ich sehe die Welt
voller Licht und Zärtlichkeit.
Wenn mich jetzt das Schicksal
vor den Tod stellt,
werde ich Gott und Teufel bitten.
Gott, mein Herz ist dein!
Teufel, meine Seele ist dein!
Aber lasst mich wieder
mit ihr sein!
In mein Leben hab ich
den Sturm kommen sehen.

Und wer Herz hat,
so durchflutet sein Herz das Licht
nach dem Sturm.
Und so wurde ich wiedergeboren
in Licht, und du bist mein Licht.
Liebe!
Nach dem Sturm bleibt nur die Liebe –
wahrhaftig und echt.
Es ist wie des Königs Berührung
vom Knecht.
Heute weiß ich –
frei bin ich.
Dich liebe ich.

ÜBER ALLE WELTEN

Weißt du noch,
wie wir uns
geschaut haben?
Wie sich die Augen
getroffen haben?
Mehr als das –
unsere Seelen
haben sich berührt.
Und jetzt
bist du weit weg.
Aber diese Berührung
ist wie eine Brücke
zwischen uns –
eine Brücke zwischen
zwei freien Herzen.
Du hast die Seele
eines Kindes –
so rein bist du.
Meine ist erschöpft
vom Kämpfen.
Ich fühle dich.
Ich brauche dich.
Liebe mich!
Fühle mich auch!
Lass unsere Herzen
singen das Lied
der Freiheit!
Durch Raum und Zeit
unser Licht scheint breit.
Weit!
Weit, über alle Welten!

ICH HÖRE DEIN HERZ

Ich höre dein Herz.
Ich höre dein Herz
über den Schmerz
in dieser Welt, über
die Trauer in mir.
Es ist wie das Flattern
des Schmetterlings
in einem goldenen Frühling,
wie der sanfte Hauch von Erlösung,
die mir heute der Südwind bringt.
Ich war blind.
Doch ich erblickte in einem Augenblick,
als ich die milde Stimme
deines Herzens hörte.
Es ist wie der lang
erwartete Regen
in einer heißen Sommernacht.
Und ich höre dein
Herz flüstern:
„Es ist der Liebe Macht!"
Ich höre dein Herz.
Ich höre dein Herz,
sei nicht besorgt!
Ich höre jedes Wort.
Tief in meinem Herz.
Über den Schmerz in dieser
Welt, nur deine Liebe fehlt.

EINE FRAU UND EIN MANN

Eine einsame Frau,
ein freier Mann –
ich glaube daran.
Vertrauen!
Glauben!
Zwei Seelen, die
sich umarmen.
Wann immer sie sich berühren,
es ist Gottessegen.
Wegen so viel Schmerz
dachte ich: „Die Liebe
ist nicht hier –
in dieser Welt."
Doch dank dir
bin ich heute frei.
Ich atme Glück.
Ich lebe wieder.
Niemand weiß,
was sie glücklich macht.
Niemand weiß,
was ihn traurig macht.
Sie kämpfen,
um in dieser einsamen Welt
frei zu sein.
Nur wir wissen –
mein reines Kind!

Ich flüstere
deinen Namen.
Mit dem Wind
schicke ich dir
meine Seele.
Umarme sie
mit deiner!
Zwei werden eins sein.
Die ewige Liebe
wird niemals enden.

DER EINSAMSTE WEG

Da ist ein einsamer Mann
entlang des einsamsten Wegs.
Mit einer Seele rein wie ein Gebet
kann er noch folgen?
Schicksal so kalt und hart,
oder wird er bald fallen?
Da ist ein einsamer Mann
entlang des einsamsten Wegs.
Für immer gefesselt in Ketten,
weil er das Licht erblickt hat.
Für immer verflucht in die Schatten,
weil jeder Atem ist ein Kampf
für das unmögliche Glück.
Oh, so groß ist der Schmerz, so brennend!
Oh, sagt nicht, die Welt ist schön
und das Leben heilig!
Ich bin Sünder in meinem Herzen.
Da ist ein einsamer Mann
entlang des einsamsten Wegs.
Mit Händen aus Eisen, doch
es gibt kein Erbarmen für
den gefallenen Engel.
So sagt mir nicht, die Welt ist
schön und das Leben heilig!
So endet alles.
In Feuer und Schmerzen.
Ich bin Sünder in meinem Herzen.

ENTLANG DER DORNIGEN WEGE

Auf den dornigen Wegen,
die ich hinter mir lasse,
hab ich das ewige Feuer gesehen.
Wenn die Seele in Ketten ist,
so leidet das Fleisch.
Und ich habe gesehen
Menschen, die wahrhaftig lieben,
doch bleiben sie allein.
Und die nicht lieben,
die haben alles.
Manche können nur nehmen.
Manche geben von ganzem Herzen.
Am Ende ist es dasselbe.
Jedes Leben ist ein Tropfen
in dem großen Fluss des Ganzen.
An manche wird man sich erinnern,
auch lange nach ihrer Zeit.
Manche werden vergessen sein
noch in ihrer Lebenszeit.
Das Leben vergeht wie ein Traum.
Es ist immer dasselbe.
Was wir hinterlassen als Erbe,
das zählt immer.

Und ich habe die Welt gesehen
in Feuer und Flammen
und das Leben zu Asche geworden.
Und der Mensch machte Gott verantwortlich.
Manche haben sich gerettet,
doch verdienen sie es?
Manche sind gestorben,
doch haben sie es verdient?
So lasse ich die dornigen
Wege hinter mir.
Lasse du sie auch!
Alles ist wie Staub im Wind.
Lebe jetzt!
Mach die Liebe zu deinem Gesetz!

LICHT FÜR DIE TRAUERNDEN

I

Sturm! Fürchterlicher
und reißender Sturm
rast in mir. Schwarze
und böse Wellen drängen
mich in die dunkelsten Klüfte.
Wie ein Biest in seiner letzten Stunde
meine Seele schreit.
Wie ein Verfluchter in der lodernden Hölle
mein Geist schreit um Gnade.
Es gibt heute keinen Frieden
für mein kaltes Herz.
Dämonen mit blutigen Krallen
zerreißen mein Fleisch,
und der Teufel gräbt mir ein Grab.

II

Ich träume heute nicht
von meiner Liebe, und
Sehnsucht nach Freiheit gibt es nicht.
Wie ein erschöpfter
und verwundeter Vogel,
mit gebrochenen Flügeln
wandere ich einsam
durch Schatten und Dunkelheit.
Was ist der Mensch,
zerrissen das ganze Leben
von Eitelkeit, um sich
an ihn zu erinnnern?
Was ist er im Vergleich
zu den grenzenlosen Himmeln?

Dort Engel singen
ein Lied fantastisch und süß,
und Gott sitzt auf seinem Thron –
zeichnet die Menschenschicksale
und schreibt in sein Buch,
wer und wann wird sterben.
Und unten in der lodernden Hölle
warten der Teufel und das ewige Feuer
auf die verurteilte und sündige Seele –
zu brennen in Schmerz
bis in alle Ewigkeit.
Oh, ihr vergessenen Götter
aus alten Zeiten!
Wenn ihr nur könntet wieder
meine Flügel zurückgeben!
Oh, ihr Nordwinde!
Dann könnte ich mit euch
zu meinem gelobten Land fliegen.
Oder zu irgendeinem weiteren Ufer,
wo mit dem hellen Sonnenaufgang
ich werde ein neues und reines Lied singen.

III

„Esse und trinke und
freue dich auf das Werk
deiner Hände" –
sagte einst der Prophet
vor so vielen Jahrhunderten.
Und heute trinke ich,
und ich sage: „Prost!"
Trotz des Todes und der
Dunkelheit in meiner Seele.

Menschen und ihr Schicksal!
Dunkelheit und Licht!
Seit Jahrhunderten dreht
sich so die Welt.
Und in meinem Herzen höre
ich die Stimme des Propheten flüstern:
„Nihil novi sub sole!"

IV

Und nach vielen Sommern,
nur Gott weiß wann,
schein auf, Sonne, mit dem neuen Tag!
Oh, du himmlischer Stern!
Besiege die Dunkelheit
in unseren wandernden Seelen!
Oh, himmlische Pforten,
öffnet euch dann!
Oh, goldhaarige Engel,
mit weißen Flügeln,
kommt dann auf diese Erde!
Singt euer himmlisches Lied!
Das Licht wird regieren –
die Dunkelheit wird nicht besiegen.
Die Prophezeiung wird sich erfüllen.
Und du, Sonne, schein!
Schein im Licht, auf deinem
himmlischen Pfad bleib länger!
Für die neue Welt beleuchte unsere Gräber!

EIN HELLER TAG WIRD KOMMEN

Ein heller Tag wird
kommen, und frei werden
unsere Herzen sein.
Die Sonne mit ihrem
göttlichen Licht wird
scheinen mit neuer Stärke.
Und es wird nicht
mehr Kälte in unseren
Seelen sein –
gutmütig und rein
werden wir zu deinem
Tempel gehen.
Oh Göttin, Frieden
wird kommen über die Welt.
Die Ketten von Angst
und Neid werden fallen.
Deine Liebe und Hoffnung
wirst du allen offenbaren.
Das Licht ist stärker
als die Dunkelheit.
Oh, heilige Göttin!
Zu deinem Tempel werden
wir gehen. Oh, dein ist
der Weg zur Ewigkeit!

LIEDER

FOLLOW ME

Born in a stormy night,
the fallen angels by my side.
Baptized with darkness,
sin was my only way.

I travelled far away from home,
through deepest oceans and secret lands.
I discovered the desert in my soul,
and I found you are gone.

Take your cross,
follow me once more!
I'll show you sweetest salvation.
Don't you know my soul breaks
without you?

Without you.

Tongues of fire burned my heart,
my soul was torn apart.
And then the dream of light,
you again by my side.

The price of freedom is high.
Why we must pay with our souls?
I know it's better to be master in hell
than slave in heaven.

So take your cross,
follow me once more!
I'll show you sweetest salvation.
Don't you know my soul breaks
without you?

Without you.

The black gates are open,
go through!
You'll see my world
of fire and sin.

Come, follow me!
Fallen angels you will see.
I'll show you sweetest salvation.
I'll make real your imagination.
Dream of me!

Only of me!

AMYTIS

There is a secret land
in the hot desert sands.
Follow the rising star
through the golden gates of Ishtar!
Let's take you to the palace
where the Queen lays!

She was born in the lowlands of Babylonia
where the forests and hills are.
So the King built for her
the hanging gardens of Babylon.
The hanging gardens of Babylon.

Oh King, don't you know
that you build a mask
that covers now her face?
She must hide the sorrow.
Like the desert, patient she must be.
But her heart is wild and free.

Oh King, don't you know
that you built a mask
that covers now her face?
She must hide the sorrow.
Like the desert, patient she must be.
But her heart is wild and free.

Gods and men,
they are all the same.
Let the hanging gardens of Babylon
be her blame!
She loves the King, but freedom is her name.
Freedom is her name.

There is a distant echo
in the golden desert.
When you step through the hot sand
and you reach the secret land,
the hanging gardens of Babylon you'll see.
Remember the Queen is free!

She is free!
She is free!

Oh, say her name!
Amytis!
Oh, say her name!
Amytis!

The sands of time
will wash all away.
But remember her name!

Amytis!

CHILD OF DESTINY

Lonely child of destiny!
You build the ladder
to the world above,
to the skies, where the stars are shining.

My child of destiny!
Look always to the golden horizon of your time!
Your way was always passion,
your way is wide and clear.

Wide and clear.

Looking into the night,
I know you will come to me.
You will speak softly.
You will come with your light that is holy.

Lonely child of destiny!
Look always to the golden horizon of your time!
Your way was always passion,
your way is wide and clear.

In the night the candles burn,
and my soul will flow to heaven.
Will flow to heaven.

Come with me!

ANGEL

Morning comes,
you're sleeping in my arms.
Soon you'll awake, you'll say hello,
and when I look into your eyes,
I know there's no more sorrow.

Angel, sunrise is shining in your eyes!
The skies are open to me now.
There'll be no more rain.
Hope I feel, light I see.
Free me from the pain!
Oh Angel, free me!

You softly touch my lips.
You touch my face.
More than this, you touch my soul.
You create a whole world in my heart,
a world of peace and fate.

Angel, sunrise is shining in your eyes!
The skies are open to me now.
There'll be no more rain.
Hope I feel, light I see.
Free me from the pain!
Oh Angel, free me!

Morning comes, my friend!
Walk by my side to the end!
Thanks to you I have strength.
I have fate.
You made my heart free.

Angel, sunrise is shining in your eyes!
The skies are open to me now.
There'll be no more rain.
Hope I feel, light I see.
Free me from the pain!
Oh Angel, free me!

Angel!
Angel!
Free me!
Oh Angel!

LIGHT IN THE DARK

Years passing by,
men die.
Your smile fades away.
War upon the world,
blood in the sand.
You can send your last wish to the Gods.

Oh, remember there is still light in the dark!
There is a spark in the dreamer's eyes!
Do like the wise man told!
Before the cold world takes you away.

Oh, takes you away.

Shadows in the dark
tear your heart apart.
The dream never lasts.
Broken down, soon you will fall.
But before the down and the bitter tears
remember you have soul!

Oh, remember there is still light in the dark!
There is a spark in the dreamer's eyes!
Do like the wise man told!
Before the cold world takes you away.

Oh, takes you away.

There is a light in the dark.
There is a light in the dark.
Oh, a spark in the dreamer's eyes!
There is a sign in the dark skies.
Oh, look out!
Before the cold world takes you away.

Takes you away.

THE SADDEST ROAD

In my dark room I listen to the night,
waiting for the moonlight to show me
the way to your heart.
I am sad.
I am alone.
So alone!

I wish!
I hope!
Even if I know you are an imagination of my soul.
Come!
Come into my life!
Five years of dark hell!
I sold my soul to the devil.
Is there a light?
Oh, come into my life!
Shine bright!
Before the darkness takes me away.

Oh, takes me away!

I am lost, that's the final coast.
For all my bloody sins now I must pay.
Say in the night: „I'll show you forgiveness!"
I am sad!
I am alone!
So alone!

I wish!
I pray!
Even if I know you are an imagination of my soul!

Come!
Come into my life!
Five years of dark hell!
I sold my soul to the devil.
Is there a light?
Oh, come into my life!
Shine bright!
Before the darkness takes me away.

Oh, takes me away.

It's the saddest road.
It's the loneliest road I know.
So come!
Come into my life!
Before the darkness takes me away.
Oh, takes me away.

FALLEN ANGEL

Lost in the river of life.
Try to survive!
In a world that's cold and dark,
this pain is tearing your soul apart.

You saw fire,
you saw hell.
Well, let it burn!
Turn the last page!

Livin' on the edge.

Fallen Angel, burn in fire!
Wade through death and hell!
Blood on your hands,
here the lonely road ends.

Here the lonely road ends.

Whole world is burning,
turning around and around.
You see and you found out,
those who are seeing burn first.

And that's the curse.

Fallen Angel, burn in fire!
Wade through death and hell!
Blood on your hands,
here the lonely road ends.

Burn!
Burn!
Burn!

Fallen Angel, burn in fire!
Wade through death and hell!
Blood on your hands,
here the lonely road ends.

Here the lonely road ends.

FIGHT FOR YOUR LOVE

Walking on the loneliest road that I know.
My heart is so cold, I feel so alone!
Try to call you on the phone.
Seems like destiny has won again.
You are forever gone!
Oh, forever gone!

Why?
Oh, why can't we fly together?
I'm so afraid, alone in the dark!
We are two strangers somewhere in the night.
Fight for your love!
Oh, fight for your love!

There is a distant light.
Tells me you are alone somewhere in the night.
I try so hard to reach you!
The wolves are singing their sad song.
Tells me this road will be long.
Oh, so long!

Why?
Oh, why can't we fly together?
I'm so afraid alone in the dark!
We are two strangers somewhere in the night.
Fight for your love!
Oh, fight for your love!

Walking!
I'm walking the loneliest road that I know!
Show me your love again!

Why?
Oh, why can't we fly together?
I'm so afraid, alone in the dark!
We are two strangers somewhere in the night.
Fight for your love!
Oh, fight for your love!

Fight!
Oh, fight for your love!

HOLY LAND

Who knows where we will be tomorrow?
Who knows that is fate and love?
Oh, I remember we were kids.
It was so easy then.
When darkness comes, take me there!
To my home!
To my holy land!
Before the sands of time run away.

Oh, I remember my father who turned us into men.
I remember my mother with the innocent smile.
Watching over me while I sleep!
Take me there to my home!
To my holy land!
Oh, Lord, wash my sins away!

Now the innocent children are men.
But the childhood still lives in me.
Now I see what is fate, what is love.
And I know that's the blood that speaks to me.
When the darkness comes, take me there!
To my home!
To my holy land!
Before the sands of time run away.

Oh, I remember my father who turned us into men.
I remember my mother with her innocent smile.
Watching over me while I sleep.
Take me there to my home!
To my holy land!
Oh Lord, wash my sins away!

Today I'm alive more than ever.
Together we rise, together we fall.
This is my open soul that speaks.
This is my open soul that speaks to you.

TRUE LOVE

I was blind.
I thought love is just a game.
Please, forgive me!
Now I see.
Only true love can set you free.
Set you free.

Sitting in the bar,
my head drunk with alcohol.
I remember your eyes wet
as you said:
„Hold my hand, I can set you free.
Please, forgive me!
Please, believe me!"
Oh, I remember!

You can find me at the end of the bar,
where the broken and lonely hearts are.
I remember the times we had together.
Remember me!
I will remember you!
We are two strangers lost in the night.
I remember your eyes wet
as you said:
„Hold my hand, I can set you free!"
Now I see!
True love sets free!
Now I see!

True love can set you free!
Set you free!

REBEL HEART

Looking into the mirror I see
a broken hero who is lost.
Living on the edge, living fast.
I will be all my life a rebel heart.

Fight, fight!
Fight for what is right!
Rebel heart!
When I look into the mirror
my soul turns away.
All of my life a hard ride.

Fight, fight!
Rebel heart!

Burning.
Burning in the fires of hell.
My soul under Satan's spell.
I will be all my life a rebel heart.
Fight, fight!
Fight for what is right!
Rebel heart!
When I look into the mirror,
my soul turns apart.
All of my life a hard ride.

Fight, fight!
Rebel heart!

The mirror speaks to me.
Looking into it, I see, it is written in my eyes.
All of my life a rebel heart.

Fight, fight!
Fight for what is right!
Rebel heart!
When I look into the mirror,
my soul turns away.
All of my life a hard ride.

Fight, fight!
Rebel heart!

I AM

For many times I was born again.
I walked into this world searching for the light.
Cursed to see tears and death.
The lost souls crying in my head.

I am the holy and the saint.
I am the fallen and the sinner.
Cursed to see sorrow and pain.
Oh well!
Take me away from these gates
of hell!

Look at me, touch me!
A fallen angel you see.
Cry out!
I want to hear your scream.

Fire!
Fire burning my soul!

I am the holy and the saint.
I am the fallen and the sinner.
Cursed to see sorrow and pain.
Oh well!
Take me away from these gates
of hell!

These gates
of hell!

Der Autor

Nako Nakov wurde 1989 in Sofia/Bulgarien geboren. In seiner Heimatstadt erlangte er die Matura und studierte zwei Jahre Journalistik. Mit zwanzig Jahren kam Nakov nach Österreich, wo er seitdem lebt und arbeitet. Zu seinen Lieblingsaktivitäten zählen Lesen und Schreiben. Unter dem Titel „Schein auf" hat er im novum Verlag bereits einen ersten Gedichtband veröffentlicht.
Heute wohnt Nakov in Anstetten/Niederösterreich.
Sein großes Ziel: sich ganz dem Schreiben zu widmen.

novum VERLAG FÜR NEUAUTOREN

Der Verlag

*Wer aufhört
besser zu werden,
hat aufgehört
gut zu sein!*

Basierend auf diesem Motto ist es dem novum Verlag ein Anliegen neue Manuskripte aufzuspüren, zu veröffentlichen und deren Autoren langfristig zu fördern. Mittlerweile gilt der 1997 gegründete und mehrfach prämierte Verlag als Spezialist für Neuautoren in Deutschland, Österreich und der Schweiz.

Für jedes neue Manuskript wird innerhalb weniger Wochen eine kostenfreie, unverbindliche Lektorats-Prüfung erstellt.

Weitere Informationen zum Verlag und seinen Büchern finden Sie im Internet unter:

www.novumverlag.com

Nako Nakov
Schein auf
ISBN 978-3-99064-662-5
64 Seiten

Liebesgedichte an die große, ewige Liebe. Poesie, gerichtet an das Mädchen, das er anbetet, aber auch flehend an Gott, er möge Einsamkeit und Leid beenden und ihm sein Mädchen schicken. Eine Reise durch große Gefühle und den Glauben an etwas Höheres.